반가워
Nimefurahi 니메푸라히

같이 놀자
Tucheze pamoja 투체제 파모자

다 잘될 거야
Hakuna matata 하쿠나 마타타

**글 황은별**

2012년에 태어나 아빠 회사를 따라 여러 나라를 경험하고 있어요. 지금은 에티오피아 아디스아바바에 사는데, 그전에는 스리랑카와 탄자니아에 살았어요. 최근까지 살았던 탄자니아에서는 특히 재미있었던 기억이 많아요. 그때 일을 바탕으로 아프리카 탄자니아의 다양한 모습을 다른 나라에 사는 친구들에게 보여 주고 싶은 마음에 이 책을 쓰게 되었어요.

**그림 한은영**

좋은 이야기에는 힘이 있어요. 그런 이야기를 그림으로 담아내는 작업은 항상 신나고 설레는 일이에요. 쓰고 그린 책으로는 《발바닥이 간질간질》, 《코코코》, 《내 이불이야!》가 있고, 그린 책으로는 《화관을 쓴 아이》, 《쌍둥이가 왜 달라?》 외 여러 권이 있어요.

## 나는 탄자니아에 살아요

ⓒ 황은별, 한은영, 2024

**초판 1쇄 인쇄** 2024년 5월 22일
**초판 1쇄 발행** 2024년 5월 30일
**글** 황은별 **그림** 한은영 **디자인** 빅웨이브 **마케팅** 이운섭
**펴낸이** 권영선 **펴낸곳** 내일도맑음 **출판등록** 2020년 9월 17일 제2020-000104호
**주소** 서울시 성동구 왕십리로 31길 9-50 **전화** 070-8151-0402
**팩스** 02-6305-7115 **이메일** flywriter@naver.com
**ISBN** 979-11-93461-04-4 (77810)

- 이 책은 저작권법에 따라 보호받는 저작물이므로 무단 전재와 무단 복제를 금합니다.
- 이 책 내용의 전부 또는 일부를 사용하시려면 반드시 저작권자와 출판사의 동의를 받아야 합니다.
- 값은 뒤표지에 있습니다. 잘못 만들어진 책은 구입처에서 교환해 드립니다.

# 나는 탄자니아에 살아요

황은별 글 • 한은영 그림

내일도맑음

안녕?
나는 탄자니아의 다르에스살람에 살고 있는 은별이야.
탄자니아는 아프리카에 있는 나라야.
우리 가족은 한국에 살다가
아빠 일 때문에 1년 전부터 탄자니아에서 살게 되었어.
나는 지금 초등학교 2학년이고,
오빠와 남동생이 있어.

나는 매일 6시쯤 일어나.
학교에 7시까지 가야 하거든.
탄자니아는 여름에 5시면 해가 뜨고,
겨울에도 6시에는 해가 떠서 하루가 일찍 시작돼.

학교에 일찍 간다고 해서
집에 일찍 돌아오는 건 아니야.
보통 수업이 2시 정도에 끝나는데
방과 후 수업을 하면 3시 넘어서 올 때도 있어.
대신 여기는 학원이 거의 없어서
학교에 갔다 오면 자유 시간이야.
오빠랑 동생이랑 놀고 수영도 하다 보면 금방 잘 시간이 돼.
학교에 일찍 가야 하니까 8시만 되면 자야 해.
저녁 7시에 자는 친구들도 있어.

어제 저녁에는 밥을 먹고 나서
오빠랑 동생이랑 놀고 있는데
갑자기 정전이 됐어.
바깥도 깜깜한데 전기가 나가니까
온 세상이 잘 보이지 않았어.
촛불이라도 켜고 싶었는데 가스레인지 불도 안 켜져서
어쩔 수 없이 다른 때보다 더 일찍 잤어.

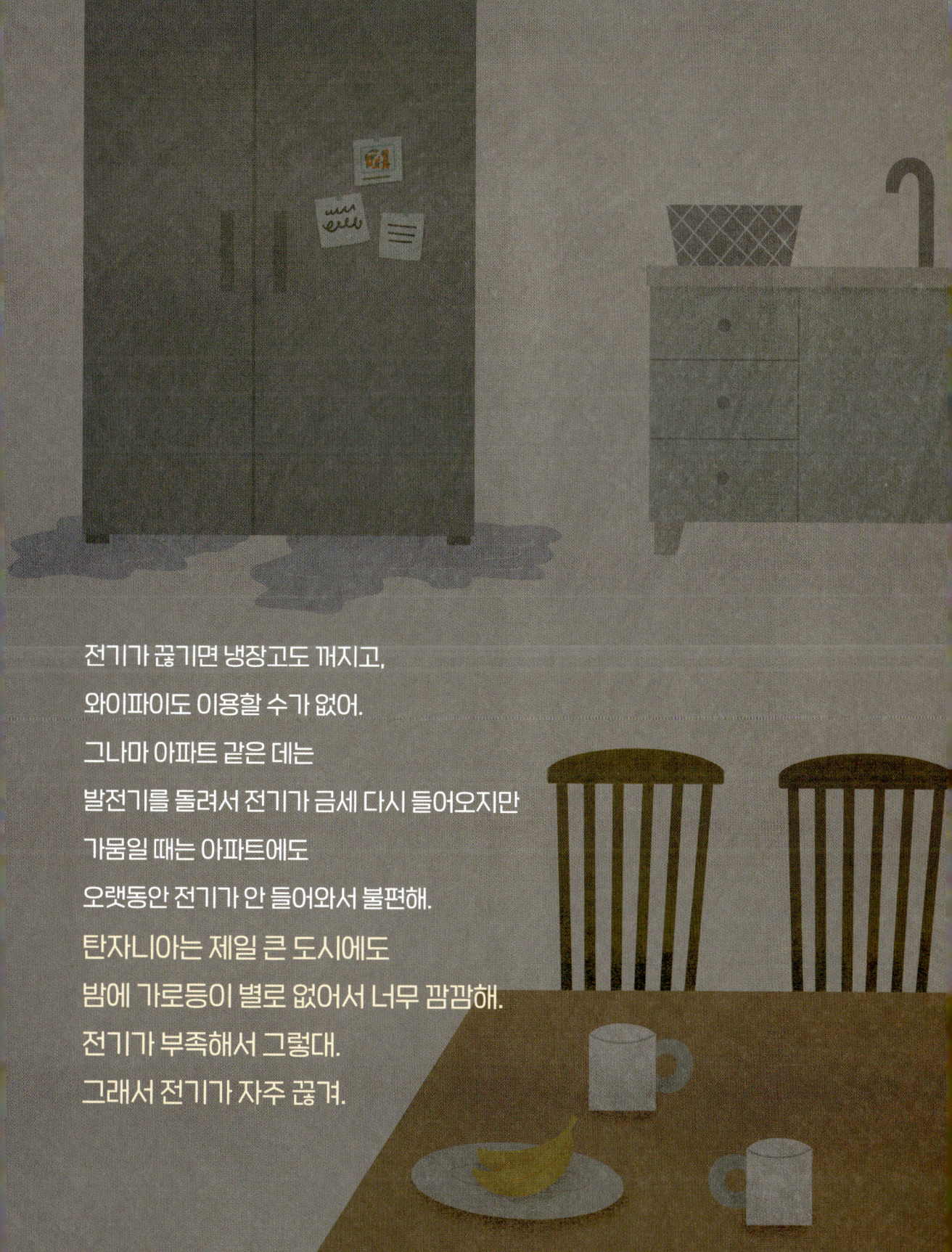

전기가 끊기면 냉장고도 꺼지고,
와이파이도 이용할 수가 없어.
그나마 아파트 같은 데는
발전기를 돌려서 전기가 금세 다시 들어오지만
가뭄일 때는 아파트에도
오랫동안 전기가 안 들어와서 불편해.
탄자니아는 제일 큰 도시에도
밤에 가로등이 별로 없어서 너무 깜깜해.
전기가 부족해서 그렇대.
그래서 전기가 자주 끊겨.

오늘은 한국에서 가져온 내가 좋아하는 과자를
학교에 가져갈 생각에 아침부터 들떴어.
2교시 후 간식 시간이 있어서
나는 매일 요구르트나 과자, 빵 같은 걸 싸 가고 있어.

친구들이랑 모여서 맛있는 간식을 먹고
뛰어노는 이때가 학교에서 제일 신나는 시간이야.

나는 쉬는 시간에 주로
'짐나스틱'이라고 하는 체조를 하면서 놀아.

체조를 잘하는 친구들이
인기도 많아.

물구나무서기, 다리 찢기, 공중제비, 옆돌기 같은
체조를 하면 균형 감각이 좋아지고
근육도 많이 생겨.
그리고 유연성도 기를 수 있어.

나는 요즘 체조의 매력에 푹 빠져서
체조 학원도 다니고 싶어졌어.

내 목표는 물구나무서기를 해서
손으로 걷는 거야.

오늘 점심시간에는 오랜만에 학교 식당에서 차파티를 사 먹었어.
차파티는 밀전병같이 생긴 음식인데,
고소하고 하나만 먹어도 배가 불러.

점심시간에는 도시락을 싸 와도 되고,
학교 식당에서 사 먹어도 되는데
나는 주로 한국 음식인 밥과 반찬을 싸 와서 먹어.
그리고 가끔 이렇게 학교 식당에서 탄자니아 음식인 차파티나
내가 좋아하는 치킨, 햄버거를 사 먹기도 해.

오늘은 학교 수업이 끝나고 집에 돌아오는 길에
엄마와 코코넛을 사 먹었어.
자전거 양쪽에 코코넛을 잔뜩 싣고 다니면서
파는 아저씨가 있는데 '다푸'라고 불러.
다푸는 스와힐리어로 '코코넛 워터'라는 뜻이야.

"다~푸"라고 부르면 달려와서
그 자리에서 바로 코코넛을 깎아 줘.

코코넛은 수염처럼 솜털이 많이 나 있고,
잘라 보면 새하얀 코코넛 속살과 시원한 물이 들어 있어.
약간 짭조름하기도 하고 달기도 하지만
거의 밍밍한 맛이야.
탄자니아는 1년 내내 더운데
코코넛을 마시면 온몸이 시원해지는 것 같아.

요즘은 우기라서 비가 자주 내려.
탄자니아에는 우기가 따로 있어.
우기 때는 비가 많이 오는데
도로에 자동차 바퀴가 거의 잠길 정도로
물이 꽉 차서 불편할 때도 있어.
하지만 비가 내리면 조금 덜 더워서 좋아.

우기가 아닌 때에도
스콜이라는 소나기가 내리다가
갑자기 맑아지기도 해서 잠깐씩 더위를 식힐 수 있지.

신기한 게 탄자니아의 하늘은 늘 깨끗하고 파랗고,
구름은 정말 하얗고 뭉실뭉실해.
양 떼 모양 같기도 하고, 큰 공룡 같기도 한데
정말 맑고 아름다워.

여기 와서 나는 하늘을
자주 올려다보는 습관이 생겼어.
하늘 사진도 자주 찍지.
오래된 차들이 많아서
매연을 많이 내뿜는데도
어쩌면 이렇게 공기가 맑은지 모르겠어.

이곳은 사계절 내내 여름 날씨라 모기가 많은데
비가 오면 습해서 더 많아져.
그래서 나는 잘 때 항상 모기장을 치고 자.
말라리아나 뎅기열 모기에 물리면
열이 나거나 설사를 할 수도 있거든.

체체파리도 조심해야 해.
지난번에 사파리에 갔을 때
엄마가 체체파리한테 물려서
병원에 가 바이러스 검사를 하기도 했어.

체체파리한테 물리면 모기보다 100배는 가렵고,
바이러스에 걸리면 기면증에 걸릴 수도 있대.
그래서 나는 외출할 때마다 모기 기피제를 꼭 발라.

지난 주말에는 '한글 학교'에 가려고 하는데
비가 많이 와서 '바자지'라는 택시를 탔어.
바자지는 자리가 세 개뿐인데
우리 가족은 다섯 명이어서 두 대로 나눠 탔어.

바자지는 조금 낡았지만
차도 옆길로 막 달려서 안 막히니까 좋아.
그래서 우리는 어디를 빨리 가야 할 때 바자지를 타곤 해.

나는 토요일 오전마다 한글 학교에 가서
한국 초등학교 교과서로 국어와 수학을 배워.
가끔씩 미술과 과학 실험, 음악을 배우기도 해.

"한국의 전통음식"

외국에 살면 한글을 쓸 일이 별로 없어서
맞춤법도 많이 잊어버리고
알았던 단어들도 생각이 안 날 때가 있어.
그런데 한글 학교에서
한국 친구들과 한국말로 이야기도 하고,
김치나 송편을 만들기도 하고,
한국의 전통 악기도 연주하니까
유익하고 재미있어.

"하쿠나 마타타!"
영화 〈라이온 킹〉에 나왔던 유명한 말이야.
하쿠나 마타타는 스와힐리어로
'모든 게 다 잘될 거야.'라는 뜻이야.
나는 학교에서 영어를 쓰는데,
탄자니아 나라말인 스와힐리어도 배워.

스와힐리어는 글자가 따로 없어서
영어로 쓰고 말만 배우면 돼.
그래서 더 쉽게 배울 수 있어.
시장에서는 영어보다 스와힐리어가 더 잘 통해.
가끔 엄마는 나에게 학교에서 배운
스와힐리어로 말해 달라고 부탁하셔.
나도 배운 지 1년 정도밖에 안 되어서
그 정도 실력은 아직 안 되는데 말이야.

하쿠나 마타타!

얼마 전에는 학교에서
〈이상한 나라의 앨리스〉라는 뮤지컬 공연을 했어.
내가 다니는 학교에서는 1년에 한 번
전교생이 참여하는 뮤지컬 공연을 하거든.
공연 몇 달 전부터 캐스팅을 하고
방과 후에 모여 노래와 율동, 대사까지 다 외웠어.
공연 전 한 달 동안은 주말에도 몇 시간씩 연습을 했어.

공연은 3일 동안 진행했고, 티켓도 미리 팔았어.

공연 날에는 미리 맞춰 놓은 옷을 입고

얼굴에 분장도 했어.

이곳은 다른 문화생활이 별로 없어서

다른 학교 친구들도, 마을 어른들도 와서 봤어.

그동안의 연습은 힘들었지만

공연하고 나서 성취감과 자신감도 생기고 뿌듯했어.

이제 곧 겨울 방학이야.

방학 숙제는 없고, 공부를 하는 친구들도 별로 없어.

나는 체조 학원에서 하는 캠프에 매일 갈 거야.

또 나는 탄자니아에 온 지 얼마 안 되어서

영어 실력이 부족하기 때문에 영어도 따로 배워야 해.

이번에는 못 가지만

다음 방학 때는

한국에 계신 할머니, 할아버지 댁에 가고 싶어.

지난번 여름 방학에는 잔지바르로 가족 여행을 다녀왔어.
잔지바르는 배를 타면 두 시간,
비행기로는 20분 걸리는
탄자니아에서 가장 큰 섬이야.

잔지바르의 바다 색은
민트 빛을 그러데이션 해 놓은 것처럼
아름답고,
모래는 밀가루처럼 부드럽고
하얘.
그래서 1년 내내
여행객이 끊이지
않아.

유명한 잔지바르 피자는 보통의 피자와 달라 신기했어.
일단 크기가 손바닥만 하고,
먼저 누텔라를 바르고 그 위에 바나나를 얹더라고.
나는 피자에 누텔라를 바르는 게 인상 깊었어.
피자가 아니라 달콤한 디저트 같기도 했어.

잔지바르에서 보트를 타고 30분 정도 가면
돌고래 떼를 볼 수 있는 곳이 있어.
나는 그곳에서 돌고래들과 함께 수영을 했어.
처음에는 물릴까 봐 겁이 났는데
나도 물고기가 되어 돌고래와 같이 헤엄치니까
신기하고 흥미로웠어.
돌고래는 사람을 해치지 않는대.

스노클링을 하면서 각종 물고기들도 볼 수 있었어.
잔지바르는 바닷물이 깨끗해서 물고기들이 정말 잘 보였어.

내가 탄자니아에서 가장 가 보고 싶은 곳은
아프리카에서 가장 유명한 세렝게티 국립 공원이야.
드넓은 초원에 다양한 동물들이 살고 있는 그곳은
영화 <라이온 킹>의 배경이기도 해.
사자, 버팔로, 코끼리, 표범, 코뿔소 같은
아프리카의 대표 동물들뿐만 아니라
가장 무거운 새 '아프리카큰느시'나
<라이온 킹>에 품바 역으로 나온 '혹멧돼지',
임팔라와 닮은 솟과의 '톰슨가젤'처럼
흔히 볼 수 없는 동물들도 많대.
TV에서만 보던 동물들을 직접 보면 정말 신비로울 것 같아.

세렝게티 국립 공원은 내가 살고 있는 다르에스살람에서
차로 17시간이 걸리고,
경비행기를 타도 한 시간이 넘게 걸리는 먼 곳이야.
비용도 비싸서 자주 갈 수 있는 곳은 아니야.
그래서 엄마, 아빠가 세렝게티 국립 공원은
나중에 큰맘 먹고 한번 가자고 하셨어.
탄자니아는 곳곳에 국립 공원이 많아서
꼭 세렝게티가 아니어도 사파리 여행을 할 수 있으니까
일단 그것으로 만족해야지.

내가 사는 다르에스살람은 한국의 서울 같은 곳인데도 거리에서 원숭이, 공작새, 염소 떼, 닭, 말, 소, 거북, 고슴도치까지 많은 동물들을 볼 수가 있어.
오늘 오후에도 마트에 가는 길에 원숭이와 공작새를 봤어.

원숭이나 공작새, 거북은 주인이 없대.
그리고 염소나 닭, 말 같은 동물들은 주인이 풀어 놓은 건데
아무도 가져가지 않고,
근처에 지키는 사람도 보이지 않아.

'그냥 나라에서 키우는 건가? 아무도 훔쳐 가지 않을까?
다치면 어떡하지?' 이런 의문이 드는데
탄자니아 사람들은 괜찮다고 걱정할 필요 없대.
동물원도 아니고, 시골도 아닌데
도시에서 이런 동물을 볼 수 있다니 정말 신기해.

나는 거의 매일 수영을 해.

탄자니아는 1년 내내 더워서

학교랑 집 앞에 수영장이 있는 곳이 많아.

그래서 다들 어릴 때부터 수영을 엄청 잘해.

나는 원래 수영을 잘 못했는데

학교에 수영 수업이 있어서 금방 잘하게 되었어.

나는 친구들과 놀 때도, 생일 파티를 할 때도

주로 수영을 하고 놀아.

며칠 전에는 친구들과 만나서 놀았어.
친구들 집은 다 멀리 떨어져 있어서
같이 놀려면 차를 타고 가야 해.
그래서 엄마들끼리 미리 연락해서 약속을 잡아.
이것을 '플레이 데이트'라고 불러.

플레이 데이트를 하는 날은 기분이 최고야.
우리는 슬라임도 만지고, 보드 게임도 하면서 놀았어.
그리고 당연히 다 같이 수영도 했지.
항상 시간을 정해 놓고 놀기 때문에
엄마가 데리러 오실 때가 되면 아쉬워서 막 숨기도 해.

모여서 놀 때면
탄자니아 친구들이 내 머리카락을 많이 만져 봐.
나는 꼬불꼬불한 친구들 머리카락이 신기한데,
친구들은 쫙 펴진 내 머리카락이 신기한가 봐.
탄자니아 사람들은 머리카락이 꼬불꼬불해.
길게 자라지 않아서 살을 파고들기도 한대.
그래서 여자아이들은 어릴 때부터 가짜 머리카락을 붙이고,
여자 어른들은 가발을 붙이기도 해.

미용실에 가면 실 같은 것을 머리카락과 함께 따 주기도 하고,
가발을 머리카락에 붙여 주기도 해.
가발을 붙이는 데 시간도 많이 걸리고 돈도 드니까
보통 일주일, 길게는 한 달 동안 안 뺀대.
나도 한번 해 보고 싶기는 한데,
머리를 잘 못 감는다고 해서 망설여져.

나는 요즘 수영 선수가 되고 싶은 꿈이 생겼어.
우리 학교에서는 1년에 한 번씩 수영 대회가 열리는데,
얼마 전 내 친구가 그 대회에 나가서 1등을 했거든.
친구가 인어처럼 수영해서 모든 아이들을
따라잡는 모습이 진짜 멋있어 보였어.
그래서 나도 학교 대표 선수가 되고 싶어졌어.

수영을 잘하면 중학생 때
바다에서 구조대로도 활동할 수 있다고 해.
나도 열심히 노력해서 꼭 도전해 보고 싶어.
그리고 언젠가 구조대로 활동하면서
다른 나라의 친구들도 도울 수 있으면 정말 좋을 것 같아.

나는 매일 재미있게 지내고 있는데,
다른 나라에 사는 친구들은 어떻게 지낼까?
나처럼 수영을 자주 하고,
집 앞에서 여러 동물들을 만나고,
친구들과 플레이 데이트를 할까?

언젠가 너희들의 이야기도 들려줘.
그럼 모두 안녕!

## 탄자니아

탄자니아는 아프리카 대륙에 있는 나라야!
수도는 '도도마'이고,
언어는 영어와 스와힐리어를 사용해.
인구는 약 6,941만 9,100명이고,
면적은 9,473만 헥타르야.
국기는 이렇게 생겼어!

## 다르에스살람

탄자니아의 옛 수도야.
이곳의 랜드마크는 '탄자나이트 다리!'
세계에서 유일하게
탄자니아에서만 발견되는 보석
탄자나이트 모양으로 만들었어.

## 잔지바르

일명 '아프리카의 숨은 보석!'
잔지바르의 중심지 '스톤타운'은
도시 전체가
유네스코 세계 유산으로 등재되었어!

## 킬리만자로산

해발 5,895미터로
아프리카에서 가장 높은 산!
킬리만자로는 스와힐리어로
'빛나는 산'이라는 뜻이야!

## 세렝게티 국립 공원

탄자니아 최대 규모의 국립 공원인데,
유네스코 세계 유산으로 등재되었어!

 **너의 이야기도 들려줄래?**

- **너는 어떤 곳에 사니?**

- **학교에서는 어떤 일이 있었니?**

- 요즘 어떤 재미있는 일이 있었니?

- 가족들과는 어떤 곳으로 여행을 다녀왔니?

- 너는 무엇을 가장 좋아하니?

**좋은 친구**
rafiki mzuri 라피키 음주리

**신난다**
Kusisimua 쿠시시무아

**재미있다**
kufurahi 쿠푸라히